PROJET DE STATUTS

DU

PERSONNEL

NIORT

IMPRIMERIE COUSSILLAN & CHEBROU

5, Rue Yver, 5

—

1912

MINISTÈRE
DES
Travaux Publics
DES
Postes et des Télégraphes

RÉPUBLIQUE FRANÇAISE

Personnel Commissionné

ARRÊTÉ :

LE MINISTRE DES TRAVAUX PUBLICS, DES POSTES ET DES TÉLÉGRAPHES ET LE MINISTRE DES FINANCES,

Vu la loi du 13 juillet 1911, et notamment les articles 58 2° et 68 ;

Vu la loi du 21 juillet 1909 ;

Vu la loi du 21 mars 1905 ;

Vu le décret du 22 janvier 1910 ;

Vu l'arrêté des Ministres des Travaux publics et des Finances en date du 23 décembre 1911 ;

Vu l'avis du Conseil de Réseau ;

Sur la proposition du Directeur des Chemins de fer de l'Etat,

ARRÊTENT :

Sont approuvées les dispositions ci-après fixant les règles générales applicables au recrutement, à l'avancement et à la discipline du personnel commissionné.

TITRE Ier

Recrutement.

ARTICLE PREMIER

Le personnel commissionné se recrute :

1° Parmi les agents, ouvriers et employées à l'essai, ayant terminé leur stage ; les agents et ouvriers à l'essai qui ont été exemptés de tout ou partie du service militaire ne pourront faire compter pour leur stage le temps durant lequel la classe à laquelle ils appartiennent par leur âge était sous les drapeaux ;

2° Parmi les anciens militaires classés pour des emplois civils en conformité des dispositions législatives en vigueur et remplissent, lors de leur admission, les conditions d'aptitudes physiques exigées par les règlements ;

3° Parmi les fonctionnaires en service détaché, conformément aux indications du tableau A ci-annexé.

ARTICLE 2

Les agents, ouvriers et employées sont commissionnés dans l'emploi correspondant à celui qu'ils ont occupé pendant leur période d'essai. Ils reçoivent le traitement ou salaire de début prévu pour cet emploi.

Ces dispositions ne sont pas applicables aux fonctionnaires en service détaché, aux candidats admis sur la production de titres ou de diplômes, ni aux surveillants techniques de travaux, pour lesquels il peut être tenu compte, dans la détermination de la classe de début, de l'expérience et des connaissances acquises dans leurs fonctions ou études antérieures.

ARTICLE 3

Le commissionnement est constaté par la remise d'un titre de nomination délivré par l'autorité compétente.

———

TITRE II

Traitements. — Congés. — Occupations étrangères au Service.

ARTICLE 4

Les agents, ouvriers et employées ont droit pour chaque année comptée du 1er janvier au 31 décembre, à un congé de quinze jours avec solde, qui leur est accordé par leur chef direct en une ou plusieurs fois et suivant les exigences du service.

Le Chef de service peut accorder, en outre, un congé sans solde de même durée.

En plus de ces congés, le Directeur peut, pour des raisons de santé ou de famille dûment justifiées accorder des congés avec ou sans solde dont la durée ne doit pas excéder trente jours par an.

ARTICLE 5

Les agents, ouvriers et employées blessés en service reçoivent la solde entière jusqu'au jour où le médecin du Réseau déclare que l'intéressé peut reprendre son service ou jusqu'au jour de la mise à la réforme.

La solde est réduite à la moitié pour les célibataires hospitalisés aux frais du réseau.

Si la blessure est due à la faute inexcusable de la victime, la solde est également réduite à la moitié.

ARTICLE 6

En cas de maladie dûment constatée par un médecin du Réseau, les agents, ouvriers et employées ont droit à la solde entière pendant 60 jours au maximum dans la même année.

La solde est réduite à la moitié pour les célibataires hospitalisés aux frais du Réseau.

La période d'une année est calculée en tenant compte de toutes les absences pour blessures, reçues en dehors du service ou pour maladie, qui ont pu se produire pendant les douze mois antérieurs au début de la maladie envisagée, et pendant lesquels la solde a été payée en totalité ou en partie.

A chacune des interruptions postérieures aux deux premières survenues pendant cette période, la solde ne commence à être payée qu'à partir du quatrième jour de la maladie.

ARTICLE 7

Sur la proposition des Chefs de service et après avis du Service de Santé, le Directeur pourra exceptionnellement autoriser le paiement de la solde ou de la demi-solde pendant un délai supplémentaire qui ne pourra excéder soixante jours.

ARTICLE 8

Il est interdit aux agents, ouvriers et employées de tout grade, soit de se livrer ou de participer à aucune opération ayant un caractère commercial, soit de laisser les personnes habitant avec eux tenir une auberge ou un débit de denrées ou de boissons dans le voisinage immédiat du lieu où ils exercent leurs fonctions.

Il leur est également interdit de recevoir, pour les opérations qu'ils ont à exécuter en raison de leurs fonctions, aucune rémunération des collectivités ou des particuliers.

ARTICLE 9

Les agents, ouvriers et employées ne peuvent exercer aucune fonction étrangère à leur service sans une autorisation écrite du Directeur.

En aucun cas et à aucun titre, ils ne peuvent être administrateurs ni employés d'une entreprise de transport garantie ou subventionnée par l'Etat, ni entrepreneurs ou fournisseurs du Réseau, ou employés par ces derniers.

Ils peuvent être mis en disponibilité sans traitement pendant une durée de trois ans au plus, pour remplir une fonction publique à la nomination du gouvernement ou une fonction intéressant le service du chemin de fer. La mise en disponibilité peut être renouvelée par décision spéciale.

TITRE III

Notes. — Avancements. — Récompenses et Punitions.

CHAPITRE Ier

Notes.

ARTICLE 10

A la fin de l'année, il est attribué à tout agent, ouvrier et employé :

1° Une note dite de mérite, exprimant en chiffres la valeur des services rendus par l'agent dans l'année ;

2° Une note dite d'aptitude, écrite et relatant sommairement les qualités générales de l'intéressé, notamment au point de vue de l'aptitude à un emploi plus élevé.

CHAPITRE II

Mutations. — Avancements.

ARTICLE 11

Aucune demande de mutations pour convenances personnelles ne peut être soumise à l'examen si elle est formulée par un agent n'ayant pas dans son poste actuel une résidence supérieure à 3 ans, à moins que la demande ne soit motivée par des raisons de santé dûment justifiées.

ARTICLE 12

Les avancements du personnel commissionné peuvent se faire, conformément aux indications du tableau B ci-annexé, soit par élévation de classe dans le même groupe, soit par promotion à un groupe ou une série plus élevée.

Dans le second cas, ils ont lieu exclusivement au choix.

Dans le premier cas, ils ont lieu, partie au choix, partie à l'ancienneté. Toutefois, les agents ayant un traitement supérieur à 4,500 fr. ne peuvent avancer qu'au choix.

ARTICLE 13

Nul ne peut être promu à un emploi supérieur s'il n'est demeuré au moins 1 an dans son emploi actuel, ni obtenir une élévation de classe, s'il n'a dans la classe précédente au moins le temps de service fixé dans chaque cas par le tableau B ci-annexé.

ARTICLE 14

Dans le dernier trimestre de chaque année, il est dressé un tableau d'avancement du personnel commissionné. Ce tableau comprend deux parties :

a) Le personnel susceptible d'obtenir un avancement à l'ANCIENNETÉ.

b) Le personnel proposé pour un avancement au CHOIX.

Il est dressé, en même temps, un tableau spécial dit de concours pour les promotions d'emplois ou de professions.

Ces tableaux sont valables du 1er janvier au 31 décembre de l'année suivante.

Sauf les exceptions prévues à l'article 28, nul ne peut recevoir un avancement s'il ne figure au tableau correspondant.

En cas d'épuisement du tableau de concours, il peut être dressé, en cours d'année, un tableau complémentaire.

ARTICLE 15

Nos tableaux sont établis séparément :

1º Pour l'ensemble des services rattachés à la Direction ;
2º Pour le Service de l'Exploitation ;
3º Pour le Service de la Voie et des Bâtiments;
4º Pour celui du Matériel et de la Traction ;
5º Pour celui des lignes nouvelles.

Nos tableaux distincts sont respectivement dressés pour les agents, pour les ouvriers et pour les employées.

ARTICLE 16

Ne sont inscrits au tableau d'avancement à l'ancienneté que ceux dont les services sont jugés satisfaisants.

ARTICLE 17

Seront rayés des tableaux de concours et de choix tous ceux qui, dans le courant de l'année, auront été frappés d'une punition du Directeur.

Seront rayés du tableau d'avancement à l'ancienneté tous ceux qui, dans le courant de l'année, auront été frappés d'une punition supérieure au blâme du Directeur.

Sera rayé du tableau de concours tout agent, ouvrier et employé qui, à moins du motif d'une absolue gravité que le Directeur appréciera, aura refusé le poste auquel il aura été appelé.

ARTICLE 18

Les avancements de classe à l'ancienneté et au choix sont accordés en élevant l'intéressé d'une classe à la classe immédiatement supérieure.

Ils se font dans l'ordre du tableau, sous réserves des dispositions relatives aux réductions de délais dont bénéficient à titre transitoire certains anciens agents.

ARTICLE 19

Figurent au tableau de concours, classés par ordre de mérite, et en nombre suffisant pour parer à toutes les vacances prévues pour une année, les agents jugés aptes à occuper un emploi supérieur à celui qu'ils remplissent.

Si, au 31 décembre de l'année pour laquelle il avait été préparé, le tableau n'est pas épuisé, les agents qui demeurent concourent avec tous les autres agents pour l'inscription au nouveau tableau. S'ils sont jugés aptes à y figurer, ils sont inscrits en tête dans l'ordre même de leur inscription au précédent tableau.

ARTICLE 20

L'inscription d'un agent ou ouvrier sur l'un des cinq tableaux de concours permet à l'administration de nommer l'intéressé à l'emploi pour lequel il est reconnu apte dans l'un quelconque des services du Réseau.

ARTICLE 21

Il peut être, pour les promotions de grade, dérogé à l'ordre du tableau de concours par suite de nécessités de service.

ARTICLE 22

La nomination à un emploi supérieur ne peut être faite qu'à la dernière classe de cet emploi.

Toutefois, la nomination pourra être faite à une classe supérieure lorsque la nomination à la dernière classe ne donnera pas à l'intéressé une augmentation de traitement au moins égale à celle d'un avancement de classe dans son ancien groupe.

L'ancienneté dans le grade part du jour de la nomination.

L'ancienneté dans le nouveau traitement est fixée en tenant compte à la fois de l'ancienneté de l'agent dans son précédent traitement et de l'importance de l'augmentation reçue par lui au moment de sa promotion.

CHAPITRE III
Récompenses et Punitions.
ARTICLE 23

A la fin de chaque année, les agents, ouvriers et employées commissionnés qui ont le plus contribué à la bonne marche du service peuvent recevoir, s'ils comptent au moins 3 mois de service au 31 décembre, une gratification variant entre la moitié et le double du traitement ou salaire mensuel.

ARTICLE 24

Le montant total des gratifications est fixé chaque année par le Directeur, dans les limites des disponibilités budgétaires.

ARTICLE 25

Le taux de la gratification pouvant être accordée à chaque intéressé est déterminé, dans les conditions fixées annuellement par le Directeur, d'après la valeur des services des agents, ouvriers et employées en cause.

ARTICLE 26

Ne bénéficieront que d'une gratification réduite dans des proportions réglées par le Directeur :

1° Les agents, ouvriers et employés admis dans le courant de l'année ;

2° Les agents, ouvriers et employées ayant cessé leur service dans le courant de l'année par suite de mise à la retraite ou à la réforme ou d'appel sous les drapeaux ;

3° Les agents, ouvriers et employées comptant dans l'année plus de 40 jours d'interruption pour congé, blessure reçue en dehors du service, ou maladie.

ARTICLE 27

Ne peuvent en aucune manière participer aux gratifications :

1° Les agents, ouvriers et employées admis dans le courant de l'année et ne comptant pas, au 31 décembre, trois mois au moins de services effectifs ;

2° Les agents, ouvriers et employées comptant dans l'année plus de 90 jours d'interruption pour congé, blessure reçue en dehors du service ou maladie ;

3° Les agents, ouvriers et employées ayant encouru dans l'année une des punitions infligées par le Directeur. Sauf en cas de révocation, celui-ci peut cependant, par une décision spéciale fondée sur les bons services habituels des intéressés, leur accorder le minimum de la gratification ;

4° Les agents, ouvriers et employées qui ont cessé leurs fonctions par suite de démission, quel que soit leur temps de service dans l'année.

ARTICLE 28

Pour reconnaître les actes de dévouement ou de vigilance, ou des services exceptionnels, le Directeur peut, par décision motivée, accorder aux agents, ouvriers et employées :

1° La mise à l'ordre du jour du Service ou de la Direction ;

2° Des gratifications exceptionnelles ;

3° Des avancements ou des accroissements de salaire exceptionnels.

Il peut également récompenser les actes de probité par une lettre de félicitations personnelles ou par la mise à l'ordre du jour.

ARTICLE 29

Les punitions dont peuvent être frappés les agents, ouvriers ou employées, sont :

1° Le rappel à l'ordre ;

2° Le blâme avec inscription au dossier ;

3° Le blâme du Chef de Service ;

4° Le blâme du Directeur ;

5° Le déplacement par mesure disciplinaire ;

6° L'abaissement de classe avec ou sans déplacement ;

7° La rétrogradation d'emploi ;

8° Le dernier avertissement ;

9° La mise à la retraite d'office ;

10° La révocation.

ARTICLE 30

Ces punitions sont prononcées : les deux premières par le Chef d'Arrondissement ou par tout agent supérieur assimilé ; la troisième par le Chef de Service ; les sept dernières par le Directeur.

Tout agent frappé du dernier avertissement sera révoqué si, dans le courant des douze mois qui suivent, il vient à commettre une faute justifiant une punition du Directeur.

ARTICLE 31

Entraînent la révocation de plein droit les condamnations pour meurtre, homicide, vol et concussion, tentative de meurtre, d'homicide, de vol et de concussion.

ARTICLE 32

Tout agent ou ouvrier qui compromet l'exécution du service ou qui commet une faute grave peut être immédiatement suspendu ou affecté à d'autres fonctions, jusqu'à ce qu'il ait été statué définitivement sur son sort.

La suspension est prononcée par le Chef d'Arrondissement ou par tout autre agent supérieur assimilé. Il en est immédiatement rendu compte au Chef de Service et au Directeur.

Cette mesure entraîne, outre la suspension de tous droits à l'avancement et la suppression de tous les avantages accessoires, réduction de moitié du traitement ou salaire en cas de vol ou de détournement avoué ou constaté par flagrant délit ou d'emprisonnement.

Si le Directeur, après instruction, ne prononce aucune punition contre lui, l'intéressé a droit à la restitution du traitement ou salaire retenu. Il recouvre tous ses droits à l'avancement, éventuellement avec effet rétroactif.

Est également suspendu, avec privation totale du traitement ou salaire et des indemnités accessoires, tout agent ou ouvrier coupable d'abandon de poste.

————

CHAPITRE IV

Dispositions générales.

ARTICLE 33

Les propositions de notes, de gratifications et d'inscription aux différents tableaux sont faites par les chefs directs des intéressés, qui ne doivent s'inspirer en les établissant que de la valeur personnelle des agents, ouvriers et employées et des services rendus par eux.

Elles sont transmises par la voie hiérarchique aux Chefs de Service d'arrondissement.

ARTICLE 34

Les propositions concernant les employées, les ouvriers et les agents des Groupes VII et au-dessous de l'échelle des traitements, visés dans la colonne 2 du tableau A ci-annexé, sont soumises, dans chaque arrondissement et pour chaque service ou groupe de services déterminé par les règlements, à l'avis d'une commission régionale. Cette commission, présidée par le Chef d'arrondissement, comprend des agents supérieurs désignés par le Directeur, et un représentant élu du personnel. Ce dernier ne délibère que sur les propositions relatives aux agents, ouvriers ou employées qu'il représente.

Pour l'examen des propositions relatives aux agents des groupes IV, V et VI, la commission ne comprend pas de représentant du personnel.

Les agents des groupes supérieurs sont notés directement par leurs chefs.

ARTICLE 35

Pour les services centraux de l'exploitation, de la voie et des bâtiments, du matériel et de la traction, des lignes nouvelles, et pour les services rattachés à la Direction, les commissions régionales se réunissent à Paris, sous la présidence du Chef de service.

ARTICLE 36

Les propositions de notes, de gratifications et d'inscription aux tableaux sont ensuite soumises à une commission centrale de classement qui, sous la présidence d'un Sous-Directeur, comprend les chefs de tous les services. Elle comprend également des représentants élus du personnel appelés à délibérer dans les mêmes conditions qu'aux commissions régionales, pour l'examen des propositions visant les agents des groupes VII et au-dessous, les ouvriers et les employées.

ARTICLE 37

Communication sans déplacement doit être donnée trois jours à l'avance aux membres de chaque commission, par le président des propositions sur lesquelles ils doivent délibérer.

ARTICLE 38

Les notes, gratifications et inscriptions aux tableaux sont définitivement arrêtées par le Directeur sur la proposition des chefs de service.

ARTICLE 39

Les propositions de punitions sont présentées par les chefs directs des intéressés et, s'il y a lieu, transmises par la voie hiérarchique à l'autorité compétente pour statuer.

L'intéressé doit, dans tous les cas, avoir été mis à même de fournir ses explications par écrit.

Lorsque la gravité de la faute entraîne le renvoi de l'affaire devant le Conseil d'enquête, l'intéressé doit toujours en être avisé par écrit.

ARTICLE 40

Un Conseil d'enquête est appelé à donner son avis sur toutes les propositions de punitions réservées à la décision du Directeur.

Ce Conseil comprend, sous la présidence d'un sous-Directeur, d'un chef de service ou d'un ingénieur en chef, des agents supérieurs de tous les services intéressés désignés par le Directeur et les représentants de l'intéressé à la Commission centrale de classement des groupes ou séries auxquels appartient l'agent, l'ouvrier ou l'employée poursuivi.

Si l'agent poursuivi appartient à un des groupes qui n'élisent pas de représentants, le Conseil, présidé par un Sous-Directeur, comprendra les chefs des quatre grands services et quatre agents de grade équivalent à celui de l'agent poursuivi, choisis par le Directeur dans l'ordre d'ancienneté de leur grade.

ARTICLE 41

Le Directeur statue, sans l'intervention du Conseil d'enquête, sur les propositions de punitions pour faits d'improbité ou de violence ayant entraîné des condamnations pénales.

Egalement, en cas de cessation collective ou concertée de service, toutes peines disciplinaires peuvent être prononcées par le Directeur, sans intervention du Conseil d'enquête.

Dans les cas visés aux deux alinéas qui précèdent, les peines sont prononcées sans l'accomplissement des formalités spécifiées à l'article 39.

ARTICLE 42

Les avis des commissions régionales, de la commission de classement et du Conseil d'enquête sont purement consultatifs.

TITRE IV

Cessation des fonctions.

ARTICLE 43

Tout agent, ouvrier ou employée peut cesser ses fonctions au réseau :

1° Par démission ;
2° Par mise à la retraite ;
3° Par mise à la réforme ;
4° Par révocation ;
5° Pour les fonctionnaires en service détaché, par remise à la disposition de leur Administration d'origine soit d'office, soit sur la demande de celle-ci.

ARTICLE 44

La démission n'est valable qu'à la condition d'être acceptée par le Directeur.

Peut être considéré d'office comme démissionnaire tout

agent, ouvrier et employée qui n'aura pas rejoint son poste dans le délai imparti par la décision qui l'y nomme.

ARTICLE 45

Les agents, ouvriers et employées sont obligatoirement mis à la retraite à l'âge de 65 ans, s'ils appartiennent à l'un des groupes I à VII inclusivement et, à l'âge de 62 ans, s'ils appartiennent à tout autre groupe ou série.

Tout agent, ouvrier ou employée, reconnu hors d'état de continuer ses fonctions, peut être mis soit d'office à la retraite dès qu'il remplit les conditions réglementaires d'âge et de durée de service, soit à la réforme.

ARTICLE 46

La mise à la réforme ne peut être prononcée qu'après examen de l'intéressé par une Commission de réforme composée et statuant en conformité des dispositions de la loi du 21 juillet 1909.

TITRE V
Représentation du Personnel.

ARTICLE 47

Les agents des groupes VII et au-dessous, les ouvriers et les employées ressortissant à une Commission régionale désignent à l'élection, par groupement et par catégorie, tels que les définissent les Ordres Généraux, leurs représentants titulaires et suppléants à cette Commission.

ARTICLE 48

Il est élu par les représentants titulaires ou suppléants de chaque service ou groupe de services, et de chaque

groupe ou série, aux commissions régionales un représentant titulaire et deux suppléants à la commission de classement.

Sont seuls éligibles à ces fonctions les représentants titulaires aux commissions régionales.

ARTICLE 49

Une commission de seize délégués est instituée auprès du Directeur pour l'examen de toutes les questions relatives aux intérêts matériels et moraux du personnel.

ARTICLE 50

Ces délégués sont répartis par service ou groupe de services de la manière suivante :

1° *Agents.*

Services rattachés à la Direction
et approvisionnements généraux..................... 1 délégué, 1 suppléant.
Services centraux (exploitation,
voie, traction, lignes nouvelles) 1 délégué, 1 suppléant.
Services actifs de l'exploitation.. 4 délégués, 4 suppléants.
Services actifs du matériel et de
la traction............... 4 délégués, 4 suppléants.
Services actifs de la voie et des
lignes nouvelles.......... 2 délégués, 2 suppléants.

2° *Ouvriers.*

Traction................. 2 délégués, 2 suppléants.
Ateliers et tous autres services.. 2 délégués, 2 suppléants.

Ils sont élus par les représentants titulaires et suppléants de ces services aux commissions régionales.

Les représentants titulaires sont seuls, dans chaque service, éligibles à ces fonctions.

ARTICLE 51

Les délégués se réunissent quatre fois par an en conférence avec le Directeur, à Paris.

En dehors de ces réunions, ils peuvent être convoqués pour l'examen des questions urgentes pour l'étude desquelles le Directeur peut ne faire appel qu'aux représentants des services directement intéressés.

Le Directeur arrête la date et l'ordre du jour de toutes les conférences.

ARTICLE 52

Les fonctions de représentant du personnel à la commission de réforme sont remplies par des délégués auprès du Directeur.

ARTICLE 53

Les représentants du personnel aux diverses commissions sont élus pour trois ans et rééligibles.

ARTICLE 54

Les représentants suppléants ne sont appelés à siéger qu'à défaut des titulaires.

Tout représentant ou représentant suppléant qui vient à quitter le Réseau pour une cause quelconque, ou qui change de groupe de service ou d'arrondissement, perd sa qualité de plein droit.

Au cas où les limites d'un ou de plusieurs arrondissements viendraient à être modifiées au cours d'une période triennale, le Ministre décidera s'il y a lieu de procéder à des élections nouvelles pour chacune des circonscriptions révisées.

Le représentant titulaire est remplacé par un de ses suppléants, dans l'ordre du tableau, et il n'y a lieu, par suite, à élection partielle que si, dans un service ou dans un groupe, le titulaire et les suppléants font défaut simultanément.

Article 55

Les représentants sont tenus d'assister à toutes les séances des commissions. En cas d'impossibilité, ils se font remplacer par un de leurs suppléants, dans l'ordre du tableau.

Est valable la réunion de toute commission, malgré l'absence des représentants titulaires ou suppléants d'un ou plusieurs groupes ou services, lorsque ceux-ci ont été touchés par une convocation à eux régulièrement adressée.

Tout membre d'une commission doit s'abstenir de prendre part aux délibérations dans lesquelles il est personnellement intéressé.

TITRE VI

Dispositions Générales.

Article 56

Il ne doit figurer aucune recommandation ni dans les dossiers des candidats appelés à subir des examens et concours, ni dans ceux des agents en fonctions. Toute infraction à cette règle donnera lieu à des sanctions disciplinaires contre le chef responsable d'office, soit sur la plainte des intéressés, des commissions d'examen ou des conseils d'enquête devant lesquels la recommandation aura été produite.

Il est interdit, sous peine de sanctions disciplinaires, de répondre à des recommandations visant soit des candidats, soit des agents en fonctions.

ARTICLE 57

Des Ordres Généraux règleront les détails d'application des dispositions du présent arrêté.

Paris, le

Le Ministre des Finances,

*Le Ministre des Travaux publics,
des Postes et des Télégraphes,*

CONDITIONS D'AVANCEMENT

1° AGENTS ET DAMES EMPLOYÉES

PROPORTION au choix et de l'ancienneté	Délais exigés pour obtenir un avancement à l'ancienneté	au choix délai minimum	CATÉGORIES DE TRAITEMENTS	OBSERVATIONS GÉNÉRALES
1° Agents commissionnés des groupes de l'échelle.				**Dispositions transitoires**
Totalité au choix	»	4 ans	Pour obtenir un traitement supérieur à 6.000 fr.	Les agents ouvriers et employées qui étaient en service au 1er Janvier 1909, peuvent s'ils sont notés 18 et 19, bénéficier sur les délais d'avancement au choix, des réductions ci-après, accordées par décision du Directeur :
	»	3 ans (1)	Pour obtenir un traitement compris entre 6.000 inclus et 4.500 exclus.	
1/3 au moins à l'ancienneté le reste aux choix	4 ans	2 ans 1/2	Pour obtenir un traitement compris entre 4.500 inclus et 2.400 exclus.	
	4 ans	2 ans 1/2	Pour obtenir un traitement compris entre 2.400 inclus et 1.650 exclus.	50 à 55 ans d'âge et 20 à 25 ans de service. . . . . . 3 mois
2/3 au moins à l'ancienneté le reste au choix........	3 ans	2 ans	Pour obtenir un traitement compris entre 1.650 inclus et 1.400 exclus.	55 à 60 ans d'âge et 25 à 30 ans de service. . . . . . 6 mois.
	2 ans	18 mois	Pour obtenir un traitement égal ou inférieur à 1 400 fr.	Plus de 60 ans d'âge et de 30 ans de service. . . . . . 1 an.
2° Dames employées § I et II.				En ce qui concerne les agents du groupe XIV, la réduction de délai ne peut excéder 6 mois, sauf pour les agents parvenus à la 1re classe et au 1er chevron. Les mêmes réductions calculées sur les délais normaux d'avancement à l'ancienneté, peuvent être accordées aux agents non inscrits au choix, mais ayant au moins la note « bien » et réunissant les conditions d'âge et de durée de service ci-dessus et qui étaient en service au 1er Janvier 1909.
1/3 au moins à l'ancienneté le reste au choix	4 ans	2 ans 1/2	Pour obtenir un traitement supérieur à 2.400 fr.	
2/3 au moins à l'ancienneté le reste au choix	4 ans	2 ans 1/2	Pour obtenir un traitement compris entre 2.400 inclus et 1.650 exclus.	
2/3 au moins à l'ancienneté le reste au choix	3 ans	2 ans	Pour obtenir un traitement égal ou inférieur à 1.650 francs.	

Avancements spéciaux dits " Chevrons "

Les agents des groupes I à XIII et les dames employées parvenus à la 1re classe de leur emploi peuvent obtenir, à 5 ans d'intervalle et dans la proportion ci-dessous indiquée, deux augmentations égales chacune à celle qu'ils ont obtenue pour passer de la 2e à la 1re classe de leur emploi.

Les agents du groupe XIV parvenus au traitement de 1400 fr. peuvent obtenir ces avancements exceptionnels après un délai de 3 ans à l'ancienneté ou de 2 ans au choix.

Le nombre maximum d'agents de chaque groupe de l'Echelle pouvant bénéficier des chevrons est indiqué au tableau ci-dessous.

		Nombre maximum d'agents pouvant recevoir soit le 1er, soit le 2e chevron.
Effectif de chaque Groupe	1 à 5 inclus........	1 agent
	6 à 10 inclus.......	2 agents
	11 à 100..........	1 unité supplémentaire par 10 emplois ou fraction de 10
	à partir de 101	1 unité supplémentaire par 20 emplois ou fraction de 20

(1) Agents notés au moins « Très bien » (19).

Tableau A

Conditions de capacité exigées des candidats majeurs étrangers au Réseau ;
pour l'admission dans le personnel commissionné.

Groupes	EMPLOIS	ADMISSION sans examen préalable en qualité d'agent ou d'ouvrier commissionné	ADMISSION après examen en qualité d'agent ou d'ouvrier commissionné	OBSERVATIONS
		Fonctionnaires des Administrations publiques ci-après désignées		
III	Chefs de Service d'arrond. Ingénieurs principaux.	Membres du Conseil d'Etat. Membres de l'Inspection générale des Finances. Fonctionnaires de l'Administration des Ponts et		Dans tous les emplois du groupe VI (inclus) au groupe XIII (inclus), et sous réserve de la proportion accordée par la
IV	Ingénieurs. S/Chefs de serv. d'arrond.	Chaussées et des Mines. Fonctionnaires de l'Admin.		loi aux anciens militaire, une proportion de nominations
V	Sous-Ingénieurs	Centrale des Travaux publ.		
VI	Chefs de section (travaux).	Fonctionnaires du Contrôle des Chemins de fer d'intérêt		qui ne peut être inférieure au 2/8, est
VII	S/Chefs de sect.	général.		réservée aux agents
VIII	Dessinateurs principaux.	Ingénieurs du Génie Marit. Fonctionnaires de l'Admin. de l'Enregistrement. Fonctionnaires de l'Admin.		du Réseau. Il ne peut être dérogé à cette disposition que dans le
IX	»	»		cas où l'accès des
X	Dessinateurs. Piqueurs.	Fonctionnaires de l'Admin. des Ponts et Chaussées et des Mines. Fonctionnaires de l'Admin. Centrale des Travaux publ.	Anciens militaires bénéficiant d'un droit de priorité.	emplois étant soumis pour tous à un examen, à un concours ou à la production d'un diplôme, le nombre
XI	Commis.	»	»	des candidats admissibles provenant du
XII	Commis d'ordre. Visiteurs. Chauffeurs.	»	Anciens militaires bénéficiant d'un droit de prio-	Réseau, n'atteindrait pas la proportion qui leur est réservée.
XIII	Gardiens de bur. Garde-freins. Distributeurs.	»	rité. »	
XIV	Facteurs (2° sér.) Homm. d'équipe Poseurs.	»	»	
Série A — B — C — D	Toutes profess.	»	»	

CONDITIONS D'AVANCEMENT

2° Ouvriers commissionnés

MONTANT des augmentations du salaire horaire.	Série A	0'05
	— B (§ 1)	0 04
	— B (§ 2)	0 04
	— C	0 04
	— D	0 02

SÉRIES D'OUVRIERS	Ancienneté envisagée au 1er de chaque mois	OBSERVATIONS	
	2 ans	Exceptionnellement, le délai de 2 ans pourra être réduit jusqu'à 18 mois pour les ouvriers particulièrement méritants, et sans que, dans aucun cas, leur nombre puisse atteindre la moitié du nombre des ouvriers recevant une augmentation dans le délai normal de 2 ans.	
Ouvriers ayant un salaire inférieur ou égal à 0 fr. 51 (1)	3 ans	Exceptionnellement, le délai de 3 ans pourra être réduit jusqu'à 2 ans pour les ouvriers particulièrement méritants, et sans que, dans aucun cas, leur nombre puisse atteindre la moitié du nombre des ouvriers recevant une augmentation dans le délai normal de 3 ans.	A titre transitoire, les délais ci-contre peuvent être abaissés dans les conditions indiquées au tableau des agents et dames employées.
C Ouvriers ayant un salaire supérieur à 0 fr 51 (1) et au moins la note B. B Nota. — En ce qui concerne les ouvriers ayant une note inférieure à B, A il sera statué par décision spéciale après avis des Commissions régionales et de la Commission de classement.	4 ans	Exceptionnellement, le délai de 4 ans pourra être réduit jusqu'à 2 ans 1/2 pour les ouvriers particulièrement méritants. En aucun cas d'ailleurs le nombre des ouvriers bénéficiant d'une réduction sur le délai normal de 4 ans ne pourra atteindre, pour les salaires égaux ou inférieurs à 0 f. 76 (1). la moitié du nombre des ouvriers augmentés après 4 ans d'ancienneté, et pour les salaires supérieurs à 0 f. 76 (1) un nombre égal à celui des ouvriers augmentés dans le délai de 4 ans.	

Avancements spéciaux aux ouvriers ayant atteint le salaire minimum

SÉRIES	Salaire horaire maximum	OBSERVATIONS
A.........	1'00	Les ouvriers des séries A, B et C, parvenus au salaire minimum, pourront recevoir, à cinq années d'intervalle, au maximum, deux augmentations de salaire égales à celle prévue pour la série à laquelle ils appartiennent.
B { 2. 1..... / 2. 2.....	0,82 / 0,78. } (1)	En ce qui concerne la série D, ces augmentations pourront être accordées dans le délai de 2 ans au choix et 3 ans à l'ancienneté.
C.........	0,68	Le nombre des ouvriers de chaque série pouvant être appelés à bénéficier de cette mesure sera fixé, chaque année, par le Directeur.
D.........	0,48	

(1) Non compris, s'il y a lieu, la majoration à titre d'indemnité de résidence.

————∞⋘⟨⟩⋙∞————

MINISTÈRE
des Travaux publics, des Postes
et des Télégraphes

République Française

PERSONNEL NON COMMISSIONNÉ

ARRÊTÉ

Le Ministre des Travaux publics, des Postes et des Télégraphes, et le Ministre des Finances,

Vu la loi du 13 juillet 1911, et notamment les articles 58 (2°) et 68 ;

Vu la loi du 21 juillet 1909 ;

Vu la loi du 21 mars 1905 ;

Vu le décret du 22 janvier 1910 ;

Vu l'arrêté des Ministres des Travaux publics et des Finances en date du 23 décembre 1911 ;

Vu l'avis du Conseil de Réseau ;

Sur la proposition du Directeur des Chemins de fer de l'Etat ;

ARRÊTENT :

Sont approuvées les dispositions ci-après fixant les règles générales applicables au recrutement, à l'avancement et à la discipline du personnel non commissionné.

TITRE Ier

RECRUTEMENT

ARTICLE 1er

Font partie du personnel non commissionné :

1° Les agents et ouvriers n'ayant pas accompli leur service militaire ;

2° Les agents et ouvriers à l'essai ;

3° Les employés à l'essai.

ARTICLE 2

Nul ne peut être admis dans ce personnel :

1° S'il n'est français ou naturalisé français ;

2° S'il ne remplit les conditions d'aptitudes physiques exigées par les réglements ;

3° S'il est âgé de plus de 29 ans ou moins de 18 ans au jour de son admission ; — toutefois, cette limite d'âge peut, par des décisions du Directeur, être abaissée à moins de 18 ans pour certains emplois spéciaux ;

4° S'il n'a justifié des connaissances, titres ou diplômes indiqués au tableau ci-après.

Conditions de capacité exigées des candidats étrangers au Réseau pour l'admission dans le personnel non commissionné.

Groupes	EMPLOIS	ADMISSION sans examen préalable en qualité d'aspirant ou stagiaire. Titres ou diplômes exigés	ADMISSION après examen en qualité d'agent, ouvrier ou employé à l'essai.	OBSERVATIONS
		I. — Personnel ayant satisfait à la loi militaire		
IX	Conducteurs... Contrôleurs techniques ..	»	Concours ou examen.	Dans tous les emplois du groupe IX inclus au groupe XIII inclus, et sous réserve de la proportion accordée par la loi aux anciens militaires, une proportion de nominations, qui ne peut être inférieure aux 2/3, est réservée aux Agents du Réseau.
X	Aides-contre-maîtres....... Chefs d'équipe techniques ... Mécaniciens ... Wattman	Anciens élèves de l'Ecole Polytechnique. Ingénieurs civils des Mines. Ingénieurs des Constructions civiles. Ingénieurs des Arts et Manufactures. Ingénieurs du Génie Maritime. Anciens Elèves brevetés des Ecoles d'Arts et Métiers.		

Groupes	EMPLOIS	ADMISSION sans examen préalable en qualité d'aspirant ou stagiaire. Titres ou diplômes exigés.	ADMISSION après examen en qualité d'agent, ouvrier ou employé à l'essai.	OBSERVATIONS
X	Aides-Contre maîtres ...... Chefs d'équipe techniques.... Mécaniciens ... Wattman	Anciens élèves diplômés des Ecoles ci-après : Ecole supérieure d'Electricité Institut électrotechnique de Grenoble ou de Nancy. Institut industriel du Nord. Anciens élèves pourvus du diplôme supérieur des Ecoles ci-après : Ecole d'électricité Bréguet. Ecole d'électricité et de mécanique industrielle. Ecole pratique d'électricité industrielle. Ecole des Travaux publics (section d'électricité. Postulants admissibles au grade de conducteur des Ponts et Chaussées ou de contrôleur des Mines.		Il ne peut être dérogé à cette disposition que dans le cas où l'accès des emplois étant soumis pour tous à un examen, à un concours, ou à la production d'un diplôme, le nombre des candidats admissibles provenant du Réseau n'atteindrait pas la proportion qui leur est réservée.
X (suite)	Dessinateurs... Piqueurs	Anciens élèves de l'Ecole Polytechnique. Ingénieurs civils des Mines. Ingénieurs des constructions civiles. Ingénieurs des Arts et Manufactures. Ingénieurs du Génie maritime. Anciens élèves brevetés des Ecoles d'Arts et Métiers. Anciens élèves diplômés de l'Ecole supérieure d'électricité. Anciens élèves de l'Ecole des Travaux publics munis du diplôme de conducteur des Travaux publics ou d'Ingénieurs des Travaux publics.	Concours ou examen.	
X (suite)	Rédacteurs-rap. Sous-chef de gare (3e série).	Anciens élèves de l'Ecole Polytchnique. Ingénieur des A. et M. Anciens élèves brevetés des Ecoles d'Arts et Mét. licenciés ou docteurs en droit, ès-lettres, ès-sciences.		

Groupes	EMPLOIS	ADMISSION sans examen préalable en qualité d'aspirant ou stagiaire. Titres ou diplômes exigés	ADMISSION après examen en qualité d'agent, ouvrier ou employé à l'essai.	OBSERVATIONS
X (suite)	Rédacteurs-rap. Sous-chef de gare (3ᵉ série).	Anciens élèves diplômés de l'Ecole des Sciences politiques. Clercs de notaire ayant satisfait à l'examen prévu par la loi du 2 ventose an xi (art. 41).		
XI	Electriciens.... Surveillants techniques (travaux)	»	Examen, concours ou justification d'aptitude profession¹ᵉ.	
XII	Facteurs-enreg . Commis d'ordre	Baccalauréat.		
XIII	Distributeurs.. Facteurs (2ᵉ sér.)	»	Examen de capacité.	
XIV	Hommes d'équipe .... Poseurs .... Garçons de magasins	»	Id.	
Ouvriers Série A — B — C — D	Toutes professions	»	Id.	

II. — Personnel n'ayant pas satisfait à la loi militaire

Groupes	EMPLOIS	ADMISSION sans examen préalable en qualité d'aspirant ou stagiaire. Titres ou diplômes exigés	ADMISSION après examen en qualité d'agent, ouvrier ou employé à l'essai.	OBSERVATIONS
»	Surnuméraires des gares et élèves (agents et ouvriers)...	»	Examen de capacité.	
»	Stagiaires des gares	Baccalauréat.	»	
»	Aspirants mineurs........	Licence en droit, ès-lettres ou ès-sciences. Anciens élèves de Ecoles d'Arts et Métiers.	»	
»	Apprentis-ouvriers........	»	Examen d'aptitude.	
Dames 3 2	Employées dans les services centraux	Licence en droit, ès-lettres ou ès-sciences.	Concours.	

ARTICLE 3

Exceptionnellement, les surveillants techniques préposés à la surveillance des travaux exécutés par le Service de la Voie et des Bâtiments et le Service des Lignes nouvelles ne peuvent être admis avant l'âge de 35 ans ni après celui de 45 ans.

Les agents ainsi admis ne peuvent, en aucun cas, occuper au Réseau d'autre emploi que celui de surveillant technique des travaux.

ARTICLE 4

Aucun candidat n'est admis après sa majorité dans les emplois d'agent ou d'ouvrier s'il n'a satisfait aux obligations de la loi militaire.

Les agents et ouvriers occupés au Réseau avant leur départ pour le service militaire et ayant obtenu des notes suffisantes peuvent, s'ils en font la demande dans le délai de six mois à partir de la libération de leur classe, être repris sans examen, dans l'ordre de la durée de leur service au réseau, et au fur et à mesure des places disponibles à la condition qu'ils continuent à remplir les conditions d'aptitudes physiques exigées. Ils sont soumis, à leur réadmission au stage d'agent ou d'ouvrier à l'essai.

ARTICLE 5

Pour l'accès aux emplois de début, en dehors de ceux qui sont réservés par la loi aux anciens militaires, la priorité est accordée aux parents ou parentes d'agents, ouvriers et employées en activité, retraités, réformés ou décédés, qui eu font la demande et qui réunissent les conditions réglementaires d'admission à ces emplois.

Sont considérés comme parents pour l'application de cette disposition, en dehors des enfants, les petits enfants, femmes, frères ou sœurs, neveux ou nièces, petits-neveux ou petites nièces, à la charge des agents ouvriers ou employés et habitant avec eux.

ARTICLE 6

Les agents, ouvriers et employées à l'essai sont astreints à un stage d'une durée d'une année au moins, à l'expiration duquel ils sont congédiés s'ils n'ont pas donné satisfaction.

TITRE II

Salaires. — Punitions. — Récompenses.

ARTICLE 7

Le personnel non commissionné reçoit une récompense fixée à l'heure, à la tâche, à la journée ou au mois, suivant le service auquel il est affecté.

ARTICLE 8

Les punitions dont peuvent être frappés les agents, ouvriers et employées non commissionnés, sont :

1° Le rappel à l'ordre.
2° Le blâme sans inscription au dossier.
3° Le blâme avec inscription au dossier.
4° Le dernier avertissement.
5° Le congédiement.

Les trois premières sont prononcées par les Chefs du bureau de la Direction ou les Chefs d'Arrondissement, les deux dernières par les Chefs d'arrondissement de service.

Si l'agent ou ouvrier est suspendu de ses fonctions, il ne reçoit aucun salaire pendant cette période.

ARTICLE 9

Les dispositions relatives aux notes de fin d'année du

personnel commissionné sont applicables au personnel non commissionné.

TITRE III

Dispositions générales.

ARTICLE 10

Il ne doit figurer aucune recommandation ni dans les dossiers des candidats appelés à subir des examens et concours, ni dans ceux des agents en fonctions. Toute infraction à cette règle donnera lieu à des sanctions disciplinaires contre le chef responsable, soit d'office, soit sur la plainte des intéressés, des commissions d'examen ou des conseils d'enquête devant lesquels la recommandation aura été produite.

Il est interdit, sous peine de sanctions disciplinaires, de répondre à des recommandations visant soit des candidats, soit des agents en fonction.

ARTICLE 11

Des ordres généraux régleront les détails d'application du présent arrêté.

Paris, le   *1912.*

LE MINISTRE DES FINANCES,   LE MINISTRE DES TRAVAUX PUBLICS
DES POSTES ET DES TÉLÉGRAPHES,

RÉPUBLIQUE FRANÇAISE

Personnel Classé

ARRÊTÉ :

LE MINISTRE DES TRAVAUX PUBLICS DES POSTES ET DES TÉLÉGRAPHES ET LE MINISTRE DES FINANCES,

Vu la loi du 13 juillet 1911, et notamment les articles 58 2° et 68 ;

Vu la loi du 21 juillet 1909 ;

Vu la loi du 21 mars 1905 ;

Vu le décret du 22 janvier 1910 ;

Vu l'arrêté des Ministres des Travaux publics et des Finances en date du 23 décembre 1911 ;

Vu l'avis du Conseil de Réseau ;

Sur la proposition du directeur des Chemins de fer de l'Etat,

ARRÊTENT :

Sont approuvées les dispositions ci-après fixant les règles générales applicables au recrutement, à l'avancement et à la discipline du personnel classé.

ARTICLE PREMIER

Le personnel classé se compose des femmes employées

préposées aux billets, aux haltes, la salubrité ou à la garde des barrières.

ARTICLE 2

Selon les exigences du service, ces emplois sont attribués soit à des femmes d'agents ou d'ouvriers en activité de service, soit à des veuves d'agents ou ouvriers et à des femmes d'agents ou ouvriers retraités ou réformés, soit, exceptionnellement, à des filles d'agents et ouvriers, sœurs ainées d'orphelins en bas âge.

ARTICLE 3

Le personnel classé est rémunéré par des indemnités annuellement variables, déterminées d'après l'importance même des postes occupés.

ARTICLE 4

Pour tout ce qui concerne les conditions d'aptitudes physiques notes de fin d'année, gratifications, punitions, congés et maintien de solde ou partie de solde en cas de maladie ou blessure, le personnel classé est assujetti aux mêmes règles que le personnel commissionné.

ARTICLE 5

Les employées classées dont la situation est dépendante de celle de leur mari sont déplacées lorsque celui-ci est changé de résidence Elles n'ont droit à aucune indemnité si la nouvelle situation du mari ne comporte pas d'emploi pour elle, ou comporte un emploi moins rétribué que celui dont elles étaient chargées précédemment.

La cessation de service de leur mari, pour quelque cause que ce soit, entraîne d'office leur propre cessation de service sans aucune indemnité, mais cette mesure n'empêche pas leur réadmission éventuelle.

ARTICLE 6

Il ne doit figurer aucune recommandation ni dans les dossiers des candidats appelés à subir des examens et concours, ni dans ceux des agents en fonctions. Toute infraction à cette règle donnera lieu à des mesures disciplinaires contre le chef responsable, soit d'office, soit sur la plainte des intéressés, des commissions d'examen ou des conseils d'enquête devant lesquels la recommandation aura été produite.

Il est interdit, sous peine de sanctions disciplinaires de répondre à des recommandations visant soit des candidats, soit des agents en fonctions.

ARTICLE 7

Des ordres généraux régleront les détails d'application des dispositions du présent arrêté.

Paris, le   *1912.*

LE MINISTRE DES FINANCES,   LE MINISTRE DES TRAVAUX PUBLICS
                    DES POSTES ET DES TÉLÉGRAPHES,

Imp. COUSSILLAN et CHEBROU. — Niort

www.ingramcontent.com/pod-product-compliance
Lightning Source LLC
Chambersburg PA
CBHW070717210326
41520CB00016B/4374